Yrkia-Astrid und Karl Heinz Mattern

Aloe Vera

Cocktails und Vitaldrinks

Impressum

© 2003 Umschau Buchverlag Breidenstein GmbH, Frankfurt am Main

Fotos:
Angela Francisca Endress, Usingen
Christin Kasri, Usingen
Karl Heinz Mattern (S.4, S. 8 unten, S. 11 links, S. 48, S. 49, S. 99)

Gestaltung und Satz: juhu media, Susanne Dölz, Bad Vilbel
Reproduktionen: Lithotronic, Frankfurt am Main
Druck und Bindung: LEGO, Vicenza
Printed in Italy

ISBN 3-3-8295-6428-7

Sollten Sie Fragen zum Bezug der Aloe Vera haben, so wenden Sie sich an den Verlag oder direkt an die Autoren:
Yrkia-Astrid und Karl Heinz Mattern, Berchtenstraße 36, D-89520 Heidenheim
AloeMattern@freenet.de
Tel./Fax 0049/7321/41816

Besuchen Sie uns im Internet:
www.umschau-buchverlag.de

Inhalt

Aloe Vera Barbadensis

Miller

Die Herkunft der Aloe Vera

Aloepflanzen sind Blattsukkulenten. Sie speichern Wasser und Nährstoffe in ihrem Speichergewebe, dem Mark, das in ihren Blättern enthalten ist. Die Aloe Vera Barbadensis Miller, so der botanische Name, um die es hier geht, wächst in trockenen und halbtrockenen Gebieten der Subtropen. Daher muß sie zum Überleben eigene Nährstoffdepots bilden, die im Inneren des Blattes sind, geschützt von der Blattrinde. Die Aloe Vera wird bei optimalen Wachstumsbedingungen 1 bis 1,5 Meter groß, mit ihrer Blüte auch über 2 Meter. Die Aloe Vera, auch als Kaiserin der Heilpflanzen bezeichnet, wurde bereits vor mehr als 5.000 Jahren von den Ägyptern verehrt. Erste Erwähnung der Pflanze fin-

Aloe Vera Barbadensis

det man um das Jahr 1500 v. Chr. im ägytischen Arznei- buch. Selbst Kleopatra und Nofretete sollen um die wohltuende Wirkung der Aloe Vera gewußt haben. Die Aloe Vera gehört zu den ältesten Heilpflanzen der Erde. In Asien und Fernost wurde sie bereits 500 Jahre v. Chr. angebaut und war beliebt als Heilpflanze zur Linderung innerer und äußerer Leiden. Alexander der Große schätzte die Aloe Vera, um die Wunden der verletzten Soldaten pfle- gen zu lassen. In der indi- schen Heilkunde war die Anwendung des inneren Blattgels der Aloe Vera bereits im 4. Jahrhundert v. Chr. selbstverständlich. In der in- dischen Ayurveda-Medizin galt sie als Verjüngungsmittel für Frauen, als Hilfe gegen alle körperlichen und seelischen Probleme. Der griechische Arzt Dioskurides schrieb bereits im Altertum über die Anwendung und Heilwirkungen der Aloe Vera. Seine Schriften, als Codex Anicine Juliane bekannt, liegen heute in der Österreichischen Nationalbibliothek in Wien. Auch Plinius der Ältere (79-23 v. Chr.) verfaßte Schriften zur positiven Auswirkung der Aloe Vera auf den Menschen. Römische Ärzte wie Antillo, Aretaco und Galeno oder auch der griechische Arzt Paulus von Egina behandelten ihre Patienten bereits mit dem Blattmark der Aloe Vera. Im Mittelalter schließlich wurde die Aloe Vera auch in Europa bekannt und teilweise heimisch. Selbst Paracelsus schrieb im 15. Jahrhundert über die »mysteriöse und geheime Aloe, deren goldener Saft Verbrennungen heilt und das Blut entgiftet«.

Aloe Vera Barbadensis

Das Blattmark der Aloe Vera

Beschwerden kommen, da das Aloin die Darmwände reizt. Es können Krämpfe im Becken und Bauchraum entstehen. Von einer Einnahme ist daher abzuraten und die Verwendung bleibt dem Arzt vorbehalten. Der aus dem Blattmark der Aloe Vera gewonnene hochwertige Saft, der heutzutage als Fitnessgetränk angeboten wird, hingegen enthält keine Aloine. Die Aloine werden bei der Produktion des Aloe Vera Gels durch spezielle schonende Verfahren komplett herausgefiltert. Daher wird der Aloe Vera Saft auch als Lebensmittel eingestuft und kann als Vitalgetränk täglich genossen werden.

Von den weltweit etwa 400 bekannten Aloe-Arten werden vor allem drei von ihnen besonders geschätzt, dies sind die Arten Aloe Vera, Aloe Aborescens und Aloe Ferrox. Der Hauptwirkstoff, der im Blattmark enthalten ist, ist das Aloin, ein Arzneistoff aus der Gruppe der Anthrachinone. Trinkt man den Saft mit dem Aloin, so kann es zu durchfallartigen

Der Aloe Vera Saft

Viele Menschen trinken inzwischen täglich den Aloe Vera Saft oder das Aloe Vera Gel) und berichten über erstaunliche positive Auswirkungen auf ihre Gesundheit. Das Allgemeinbefinden bessert sich spürbar und verschiedene gesundheitliche Störungen verschwinden nach und nach. Die Wissenschaftler haben inzwischen über 400 Nährstoffe im Blattmark der Aloe Vera gefunden und ständig entdecken sie neue Inhaltsstoffe. Es handelt sich dabei um bioaktive Stoffe, fast alle essentiellen und nicht essentiellen Aminosäuren, Fettsäuren, Triglyceride, Sterine, organische Salze und Säuren , Spurenelemente , Monopoly- und Mucopolysaccharide und viele weitere für den Menschen wichtige Stoffe. Als ein ganz besonderer Wirkstoff wurde das Acemannan nachgewiesen. Der menschliche Organismus produziert Acemannan selbst von der Geburt an bis etwa zur Pubertät, danach stellt er die Produktion ein. Ab diesem Zeitpunkt muss der Mensch diesen wichtigen immunstärkenden Stoff mit seiner Nahrung aufnehmen. Acemannan ist eine langkettige Zuckerform aus der Gruppe der Mucopolysaccharide, der

beispielsweise auch in Ginseng-Wurzeln oder Shitake-Pilzen nachzuweisen ist. Acemannan hat antivirale, antibakterielle und antimykotische Eigenschaften und bildet eine Art Brückenfunktion zwischen Fremdproteinen und Fresszellen. Der Körper, der ausreichend mit Acemann versorgt ist, kann

Bakterien und Fremdkörper besser erkennen und beseitigen. Die reichhaltigen Nährstoffe der Aloe Vera müssen nicht erst durch komplizierte Stoffwechselprozesse in der Leber in für uns verträgliche Bausteine umgebaut werden. Gefiltertes Aloe Vera Gel könnte sogar als Infusion verwendet werden.

Aloe Vera Barbadensis

Aloe Vera Gel mit frischen Obst- und Gemüsesäften

Die Aloe Vera als Turbo-Aktivator

Die Nährstoffe im Aloe Vera Gel, insbesondere das Acemannan, aktivieren vor allem die Selbstheilungs- und Regenerationskräfte unseres Körpers. Sie sorgen dafür, dass die Rezeptoren an der Zelloberfläche stärker und besser ausgebildet werden können. Da die Rezeptoren wiederum für die Qualität der Kohlehydratoberfläche der Darmschleimhaut von entscheidender Bedeutung sind, können dadurch die Darmzellen die Nährstoffe aus der Nahrung besser an sich binden und leichter ins Zellinnere und ins Blut transportieren. Die Folge ist eine bessere Versorgung aller Körperzellen und somit eine Verbesserung aller Körperfunktionen. Die Aufnahme und Wirkung aller Nahrungsbestandteile kann somit ganz erheblich verbessert werden. Das bedeutet, dass zum Beispiel aus einer gewöhnlichen Möhre durch das Aloe Vera Gel eine wahre Power-Möhre wird. Das Aloe Vera Gel wirkt im jeweiligen Obst- und Gemüsesaft wie ein Turbo-Aktivator der wertvollen Inhaltsstoffe des Saftes.

Obst- und Gemüsesäfte sind eine komplette Mahlzeit

Wenn Sie damit beginnen, für sich und Ihre Familie frische Säfte herzustellen, sollten Sie ein paar wichtige Dinge beachten. Fruchtsäfte wirken tendenziell stärker reinigend, Gemüsesäfte stärker aufbauend, regenerierend. Allerdings sind die jeweiligen Auswirkungen der Säfte auf das körperliche Befinden zum einen

von der generellen Wirkung der Frucht- und Gemüseart und zum anderen von der gewählten Frucht-Gemüse-Kombination abhängig. Frische Säfte werden schnell vom Körper verarbeitet, aber nur wenn Sie nicht zusammen mit gekochten Nahrungsmitteln in den Verdauungstrakt gelangen. Daher sollten Sie das Saftgetränk immer als vollständige Mahlzeit betrachten. Wenn Sie den Saft zusammen mit gekochten Nahrungsmitteln zu sich nehmen, kann es zu unangenehmen Blähungen kommen. Daher denken manche Menschen, dass sie keinen Saft vertragen, aber hätten sie den Saft allein getrunken, wäre es nicht zu den Unpäßlichkeiten gekommen.

Frische Aloe Cocktails und Vitaldrinks täglich genießen

Die Ernährungsfachleute empfehlen, fünf kleine Obst- und Gemüsemahlzeiten täglich zu sich zu nehmen, um ausreichend mit den lebenswichtigen Vitalstoffen versorgt zu sein. Sie können dabei bequem eine Mahlzeit durch einen Obst- oder

Gemüsesaft ersetzen oder auch gut zusätzlich die Aloe-Vitalcocktails in den Ernährungsplan einbauen. Wir empfehlen für die tägliche Planung die nachfolgenden Rezepte, die sich auch variieren lassen.

Aloe Vera Barbadensis

Trinken Sie morgens früh auf nüchternem Magen zuerst ein Glas Fruchtsaft mit Aloe Vera Gel. Eine Stunde später ein zweites Glas oder Ihr normales Frühstück. Genießen Sie Kaffee nur in kleinen Mengen, denn er zerstört das Powervitamin C.

gut ein großes Glas Gemüsesaft mit Aloe Vera. Wenn Sie gemischte Kost zu sich nehmen, sollten Sie den Aloe Vera Gemüsesaft erst zwei Stunden später trinken. Abends empfehlen wir, nochmals ein Glas Aloe Vera Gemüsesaft zu trinken oder, wenn Sie es

gewohnt sind, abends warm zu essen, dann machen Sie sich vor dem Zubettgehen eines der Aloe Vera Vitalgetränke.

Nehmen Sie mittags Ihre normale Malzeit zu sich, mit möglichst hohem Anteil an Gemüse und Salaten. Wenn Sie mittags einen Rohkostteller essen, passt dazu sehr

Verarbeitung des Aloe Vera Blattes

Aloe Vera Gel selbst frisch herstellen

Sie können das Aloe Vera Gel auch selbst frisch zubereiten. Dazu müssen Sie frische Aloe Vera Blätter guter Qualität und aus biologischem Anbau kaufen. Die Blätter sind im Naturkosthandel erhältlich, aber auch einige Importeure bieten frisch geerntete Blätter von Aloe Vera Farmen an. Die

europäischen Aloe Vera Farmen sind meistens in Spanien, vorzugsweise auf den Kanaren.

Ein reifes Aloe Vera Blatt wiegt zwischen 400 und 700 Gramm. Es sollte sich fest anfühlen und völlig unbeschädigt sein. Schneiden Sie zunächst mit einem scharfen Messer die Spitze des Blattes und die Seiten ab. Lösen Sie danach mit dem Messer die

Aloe Vera Barbadensis

Aloe Vera Saft oder Gel ?

Es ist oft ein großes Problem, an frische Aloe Vera Blätter in guter Qualität zu kommen. Deshalb kaufen die meisten Aloe Vera Trinker ihre Produkte im Handel als trinkfertige Säfte oder Gels. Das Angebot der im Handel erhältlichen Produkte ist breit und vielfältig. Oft ist die Wahl für den Verbraucher schwierig. Viele handelsüblichen Aloe Vera

Blattrinde der Länge nach ab. Nun können Sie das Blattmark herausnehmen. Achten Sie darauf, dass Sie den gelben Saft zwischen Blattmark und Blattrinde nicht herausnehmen, denn in dieser Schicht sind abführende und vom Menschen schwer verträglichen Aloine enthalten. Geben Sie nun das herausgelöste Blattmark in den Mixer und verquirlen es. Sie können es auch in eine Schüssel geben und das

Mark mit einem Stabmixer zu einem trinkfähigen Gel verühren. Manchmal muss man etwas Wasser hinzufügen. Wenn Sie das zu Gel verquirlte Blattmark nicht gleich trinken, sollten Sie etwa 1 Gramm Vitamin C und den Saft einer Zitrone hinzufügen, um es gegen die schnell einsetzende Oxidation zu schützen. Stellen Sie es bis zur weiteren Verwendung zugedeckt in den Kühlschrank.

Produkte sind leider minderwertig, da sie oft nur einen geringen Anteil der wertvollen Inhaltsstoffe des Blattmarkes enthalten. Deshalb möchten wir Ihnen einige Tipps geben, wie Sie die richtige Wahl treffen.

Die Bezeichnung Saft deutet darauf hin, dass die ganzen Blätter gepresst wurden, dass also auch Stoffe aus der Blattrinde im Saft enthalten sind. Die direkt unter der Blattrinde in der gelben Flüssigkeit vorhandenen Aloine haben eine abführende Wirkung und können Bauch- und Magenkrämpfe hervorrufen. Deshalb ist die Aloe auch jedem Apotheker als Abführmittel bekannt. Damit solche Säfte aus ganzen gepressten Blättern überhaupt verkehrsfähig und verkäuflich sind, müssen sie zunächst chemisch gefiltert werden. Bei diesem Verfahren gehen jedoch auch viele der wertvollen und geschätzten Stoffe des Blattmarkes verlo-

ren. Hinzu kommt, dass die meisten der Säfte in einem weiteren Verarbeitungsprozess durch Erhitzen haltbar gemacht werden, wodurch ebenfalls viele Inhaltsstoffe stark beschädigt werden. Da die Hersteller in der Regel nicht auf den Produkten vermerken, dass sie durch Erhitzen haltbar gemacht wurden, sollten Sie beim Kauf eines Aloe Vera Getränkes immer auf den Hinweis achten, dass es mit Hilfe von Vitaminen

stabilisiert und das äußerst empfindliche Blattmark so vor Oxydation geschützt wurde. Dieses so stabilisierte Getränk wird dann meistens als Gel bezeichnet. Bei der Herstellung des Gels wird das Blattinnere durch Extrahierung sorgfältig von der Blattrinde getrennt und mit Vitaminen (C und E) stabilisiert. Es hat eine geleeartige Konsistenz und eine weißlichgelblich-trübe Farbe. Braun bedeutet hingegen, dass es oxidiert ist. Geleestückchen und erkennbare Faseranteile im Gel bedeuten »erste Sahne«.

Qualität und Sicherheit

Ob Sie nun frische Aloe Vera Blätter selbst für den eigenen Gebrauch verarbeiten oder ein Aloe Vera Getränk fertig im Handel erwerben, Sie sollten immer auf eine gute Qualität

Aloe Vera Barbadensis

achten. Viele Aloe Vera Farmer, Hersteller von Aloe Produkten und Wissenschaftler haben sich unter dem Namen I.A.S.C. (International Aloe Science Council) zusammengeschlossen und bürgen mit ihrem Siegel für Qualität und Sicherheit. Aloe Vera wird überall auf der Welt biologisch angebaut, weil die Pflanzen auf künstlicheDüngemittel nicht gut reagieren. Testen Sie es selbst mit Ihrer Pflanze auf der Fensterbank. Da in Deutschland, Österreich und der Schweiz keine Aloe Vera Pflanzen angebaut werden, sind entsprechende Biosiegel nicht relevant. Weitere internationale Gütesiegel für hervorragende Produkte sind das Kosher Rating und das Islamic seal. Das Kosher Rating hat die schärfste Überwachung von allen Gütesiegeln weltweit und bietet die größte Kundensicherheit für die Reinheit eines Produktes.

Die Saftherstellung

Es gibt für die Herstellung von Saft die unterschiedlichsten Geräte, sei es die Zitruspresse vielen Ausführungen bis hin zur hydraulischen Hochdruckpresse.

Eine Zitronenpresse für Apfelsinen, Grapefruits, Pampelmusen und Zitronen ist heute in jedem Haushalt. Spätesten beim Entsaften von Karotten fragt man sich aber, welches Gerät wohl geeignet ist. Für festes Gemüse kann man eine Zentrifuge mit Reiben in der Mitte nehmen. Leider kann man mit diesem Gerät keine weichen Früchte und kein Grünzeug wie Blattgrün entsaften, außerdem muss nach jedem Glas Saft das Sieb gereinigt werden.

Für den Anfang sind solche recht preisgünstigen Geräte aber ausreichend.

Die guten Geräte können neben Obst und Gemüse auch Gräser, Salate und Kräuter entsaften. Solche Saftmaschinen haben natürlich ihren Preis. Aber eine Anschaffung lohnt sich, denkt allein an den Nutzen für die Gesundheit. Die besten Erfahrungen haben wir mit einem amerikanischen Gerät gemacht, das seit über vierzig Jahren in fast unveränderter Form bis heute gebaut wird und seit ein paar Jahren auch in Deutschland erhältlich ist. Bei diesem Gerät wird die Frucht erst geraspelt und im gleichen Arbeitsgang verdichtet, so dass unten der Presssaft herausläuft und vorn der fast trockene Trester. Diese Geräte haben eine hohe Saftausbeute und sind leicht zu reinigen.

Ein wichtiges Gerät ist der Mixer. Auch hier gibt es heute Geräte, die leicht zu reinigen sind. Wenn Sie Ihr Aloe Vera Gel selbst herstellen wollen, benötigen Sie dafür nur ein Messer und einen Stabmixer.

Aloe Vera
Rezepte

Die Aloe-Trinkkur

Zutaten

FÜR DIE EMPFOHLENE
TAGESMENGE
100 ml Aloe Vera Gel pur

Anwendung

Trinken Sie täglich 100 ml pures Aloe Vera Gel auf zwei oder drei Portionen verteilt. Morgens nüchtern, dann eine halbe Stunde vor dem Mittagessen und direkt vor dem Schlafen.

Für viele Menschen ist der Geschmack des puren Aloe Vera Gels zunächst eine geschmackliche Herausforderung. Sollte es Ihnen zu Beginn der Kur besonders schlecht schmecken, hat der Körper diese Kur am nötigsten. Nach einiger Zeit werden Sie sich nicht nur an den Geschmack gewöhnt haben, das Gel wird Ihnen täglich immer besser schmecken. Die bisherigen Erfahrungen und unzähligen Berichte über die Wirkung der Aloe Vera Trinkkur sind sehr vielfältig und unterschiedlich.

Die wichtigste Wirkung des Aloe Vera Gels ist die Umstimmung unseres Körpermilieus. Heilprozesse werden dadurch eingeleitet, die Selbstheilungskräfte werden aktiviert.Dadurch können manchmal auch starke Reaktionen ausgelöst werden. Eine Erstverschlimmerung bei Neurodermitis, unerwartetes Fieber bei einer sonst harmlosen Erkältung oder plötzliche Gelenk- und Gliederschmerzen, die den natürlichen Heilprozess einleiten. Solche Reaktionen sollten Sie positiv betrachten, sie sind ein Zeichen dafür, dass die Wirkung der Aloe Vera bereits im Körper begonnen hat. Der Heilprozess wird manchmal durch solche Symtome eingeleitet. Für den Betroffenen kann das natürlich unangenehm sein. Eventuell sogar der Grund zur Beendigung seiner Aloe Vera Trinkkur.

Wenn für Sie die Erstverschlimmerung eines Symtoms zu stark ist, setzen Sie ein oder zwei Tage mit der Trinkkur aus. Beginnen dann mit der Hälfte oder einem Viertel der Tagesmenge und steigern langsam über einen Zeitraum von zwei oder drei Wochen. Manchmal muss man teelöffelweise mit einer Trinkkur beginnen, dies hängt vom individuellen Einzelzustand ab. Wer diesen Selbstheilungsprozess durchsteht, wird tausendfach belohnt.

Aloe Teekuren

Zutaten

FÜR DIE EMPFOHLENE
TAGESMENGE (GRUNDREZEPT)

100 ml Aloe Vera Gel
einen halben Liter warmer Tee

Anwendung

Die Heilkraft von Kräutertee erfährt durch das Aloe Vera Gel eine neue Dimension. Viele Inhaltsstoffe in Kräutertees sind durch Erhitzen chemisch ungünstig verändert. Die rohe Aloe Vera mit ihren wertvollen aktiven Enzymen wirkt im Tee hier wie ein Katalysator und bringt wieder Leben in den Tee.

Wichtig ist, den Tee erst auf unter 42° abkühlen zu lassen, bevor Sie ihn mit dem Aloe Vera Gel mischen.

Die jeweilige Basiswirkung der unterschiedlichen Kräuter wird in den Kräuertees durch die Aloe Vera verstärkt. Folgende Aloe-Kräuterkuren werden bei den jeweiligen gesundheitlichen Störungen empfohlen:

Frauenmanteltee bei Menstruationsbeschwerden

Kamilletee bei Magen- und Darmproblemen

Löwenzahntee ist harntreibend und verbessert die Leber- und Gallenfunktion

Pfefferminztee ist krampflösend, magenberuhigend

Zitronenmelissentee gegen Depressionen und Kopfschmerzen

Wachholderbeerentee unterstützt die Nieren- und Blasenfunktion

Salbeitee verlängert das Leben

Aloe-Kombucha-Kur

Zutaten

FÜR DIE EMPFOHLENE
TAGESMENGE

50 ml Aloe Vera Gel
200 ml fertiger Kombucha

Zubereitung

Aus einem Liter Kristallwasser, 100 Gramm Zucker und 5 Gramm Grüntee einen Tee zubereiten. Dazu die Teeblätter absieben und die Flüssigkeit auf Zimmertemperatur abkühlen lassen. Den Tee in ein Gefäß füllen und den den Pilz, den Sie mit etwas Ansatzflüssigkeit von einem guten Freund bekommen haben, dazugeben. Das Gefäß mit einem Tuch zudecken und für ein bis zwei Wochen möglichst warm stellen. Nach der Gärung das fertige Getränk durch ein Sieb schütten und den Pilz neu ansetzen. Ab und zu die neu entstehenden Pilze weiterschenken.

Der Teepilz Kombucha ist eine Mischkultur aus Essigsäurebakterien und säurebeständigen Hefen. Sie wird verwendet, um säuerlich-aromatische Gärgetränke aus Tee und Zucker herzustellen. Das Kombucha-Getränk kam aus Ostasien Anfang des 20. Jahrhunderts nach Europa.

Kombucha und Aloe Vera ergänzen sich gegenseitig in ihrer Wirkung. Das Aloe-Kombucha-Teegetränk hat eine vitalisierende Wirkung auf den Körper. Es regt vor allem den Stoffwechsel an und ist daher besonders zur Unterstützung einer Diät zu empfehlen.

Aloe-Wildkräuter-Kuren

Zutaten

FÜR DIE EMPFOHLENE
TAGESMENGE (GRUNDREZEPT)
50 ml Aloe Vera Gel
30 Gramm frische Wildkräuter,
gemischt oder einzeln,
je nach Bedarf

Zubereitung

Die jeweiligen Kräuter in die Saftmaschine geben, auspressen und mit dem Aloe Vera Gel mischen. Wenn Sie keine Saftmaschine haben, nehmen Sie einen Mixer. In diesem Fall die Kräuter fein zerhacken, dann mit dem Aloe Vera Gel im Mixer gut durcharbeiten. Eine halbe Stunde ziehen lassen und nochmals gut durchmixen.

Die Aloe Vera gibt diesem Elixier die Kraft, mit den verschiedenen Kräutern lenken Sie diese Kraft in eine bestimmte Richtung.

Das Foto zeigt einen Aloe-Kurcocktail mit Wiesenknopf, der besonders bei Entzündungen im Verdauungstrakt zu empfehlen ist.

Folgende Kräuter-Kur-Varianten empfehlen wir:

Wegwarte gegen Gallensteine und Verdauungsschwäche

Weidenblätter gegen Kopfschmerzen

Gundermann ist entzündungshemmend

Weinblätter gegen Fettleibigkeit und Leberleiden

Wermut gegen Blähungen und Magenbeschwerden

Schafgarbe für Verdauung, Wundheilung und gegen Hämorrhoiden

Spitzwegerich gegen Bronchitis, gut für Schleimhaut

Taubnesselblüten gegen Verbrennungen und Blasenprobleme

Thymian gegen Husten, gut zu Nieren und Blase

Aloe-Elixiere und Kuren

Aloe-Ambrosia

Zutaten

FÜR DIE EMPFOHLENE
TAGESMENGE
50 ml Aloe Vera Gel
2 bis 3 Tomaten
1 Limette

Zubereitung

Von den Tomaten die giftigen Stielansätze entfernen und dann entsaften, mit dem Aloe Vera Gel und dem Saft einer halben Limette mischen. Trinken Sie diesen Aloe Vera Cocktail eine halbe Stunde vor dem Essen. Ihr Hunger wird durch die vielen Spurenelemente ganz erheblich gebremst. Sie essen mit Appetit und sind trotzdem mit einer halben Portion absolut satt. So macht Abnehmen Spaß.

Elfensaft

Zutaten

FÜR DIE EMPFOHLENE
TAGESMENGE
100 ml Aloe Vera Gel
500 ml Bergkristallwasser
2 Esslöffel Honig
4 Esslöffel Apfelessig

Zubereitung

Das Aloe Vera Gel mit dem Honig und dem Apfelessig in den Mixer geben. Das Bergkristallwasser langsam darunter mischen. Trotz des Honigs lässt dieser Cocktail Ihre Pfunde dahinschmelzen. Trinken Sie jeweils eine halbe Stunde vor jeder Mahlzeit ein Glas Elfensaft. Der Elfensaft ist ein gutes Stärkungsmittel, senkt den Blutdruck, hilft oft schnell bei Kopfschmerz und lässt Sie besser durchatmen.

Der Saft des Kronos

Zutaten

FÜR DIE EMPFOHLENE
TAGESMENGE
50 ml Aloe Vera Gel
200 Gramm Heidelbeeren
frisch oder tiefgefroren
3-4 Gingoblätter,
getrocknet oder frisch
Minze zum Garnieren

Zubereitung

Die Heidelbeeren im Mixer fein pürieren. Die getrockneten Gingoblätter im Mörser zu Pulver zerstoßen, Aloe Vera Gel hinzufügen und 15 Minuten ziehen lassen. Diese Mischung mit den pürierten Heidelbeeren verrühren und ins Glas füllen.

In vielen Parkanlagen wachsen Gingo-Bäume, so dass man dort auch frische Gingoblätter sammeln kann. Es lohnt sich aber auch, einen Gingobaum im eigenen Garten anzupflanzen.

Der Saft des Kronos wirkt ganz gezielt positiv auf die Funktion auf die Kapillargefäße der Augen und des Gehirns, die Elastiziät der Gefäße verbessert sich. Die Sehkraft wird gestärkt, die Degeneration der Makula wird aufgehalten. Sehprobleme infolge einer Diabetes können sich deutlich verringern. Die Durchblutung des Gehirns wird verbessert. Gedächtnisstörungen, Konzentrationsstörungen, Schwindel, Ohrsausen und depressive Verstimmungen können verschwinden.

Den Saft des Kronos sollte jeder regelmäßig trinken. Besonders Bildschirmarbeiter, Kraftfahrer und Diabetiker sollten diesen Saft in den täglichen Ernährungsplan einbauen.

Wenn keine frischen Heidelbeeren am Markt erhältlich sind, können Sie auch tiefgefrorene Himbeeren verwenden, die es ganzjährig im Supermarkt zu kaufen gibt. Mit einer guten Saftmaschine können Sie aus den gefrorenen Zutaten auch ein leckeres Aloe-Heidelbeer-Sorbet herstellen. Dies ist eine leckere Variante für den Hochsommer.

Hautkur der Kleopatra

Zutaten

FÜR DIE EMPFOHLENE
TAGESMENGE
100 ml Aloe Vera Gel
300 Gramm Salatgurke,
möglichst aus biolo-
gischem Anbau
300 Gramm rote Paprika

Zubereitung

Alle Zutaten mit der Saftmaschine entsaften der im Mixer
pürieren. Die pürierte Variante
ist besonders bei Hunger zu
empfehlen und kann auch eine
Mahlzeit ersetzen.

Das Powervitamin C der roten Paprika, das Hautvitamin K der Gurke, zusammen mit den wertvollen Inhaltstoffen aus der Aloe Vera, ergeben ein wahrhaftes Königselixier für die Haut. Das rosige Aussehen der Haut kann sich je nach vorherigem Hautzustand deutlich verbessern, bestehende Hauterkrankungen wie Neurodermitis oder Schuppenflechte können nach einer Trinkkur komplett verschwinden. Wir empfehlen, über einige Wochen täglich mindestens einen halben Liter dieses Königselixiers, möglichst vor den Mahlzeiten zu trinken. Sie können die Wirkung der Trinkkur beschleunigen, wenn Sie das pure Aloe Vera Gel auch äußerlich anwenden. Nehmen Sie dazu zunächst ein Bad in Salzwasser, möglichst Salz aus dem Toten Meer verwenden, alternativ können Sie auch Steinsalz nehmen und etwas Natron hinzufügen. Das Badewasser muss nicht unbedingt eine über 20 %ige Salzlösung wie im Toten Meer sein, 3 % reichen auch schon. Wichtig ist jedoch, dass die Wassertemperatur 28 °C nicht überschreitet, damit der Körper auf Aufwämen schaltet. So können Sie so lange baden wie Sie wollen, Sie werden nicht frieren. Der Hautstoffwechsel wird angeregt und Gifte werden abtransportiert. Nehemn Sie zwei- bis dreimal .in der Woche ein kaltes Salzbad von mindestens einer Stunde. Nach dem Bad tragen Sie das Aloe Vera Gel direkt auf die Haut.

Lakshmi-Schönheitskur

Zutaten

FÜR DIE EMPFOHLENE
TAGESMENGE
50 ml Aloe Vera Gel
1 Kaki-Frucht
150 Gramm Karotten
150 Gramm Kürbis

Zubereitung

Die Kaki-Frucht mit dem Gemüse zusammen entsaften, dann mit dem Aloe Vera Gel mischen. Das Lakshmi-Schönheitsgetränk sollte kurmäßig über einen längeren Zeitraum täglich getrunken werden.

Die Haut wird merklich zarter und feinporiger. Der Teint wird wunderschön und der natürliche Sonnenschutz wird verstärkt. Das Bindegewebe wird entwässert und gestrafft.

Diese Vorgänge brauchen natürlich einige Zeit. Machen Sie deshalb ein Foto, eine Nahaufnahme Ihrer Haut, bevor Sie mit der Lakshmi-Schönheitskur beginnen. Zur Selbstkontrolle machen Sie nach 4 Wochen, nach 8 und 12 Wochen jeweils erneut Fotos. Sie werden feststellen, wie sehr sich Ihr Hautbild nach und nach verschönert. Erschrecken Sie nicht, wenn Ihre Haut zu Beginn der Kur vorrübergehend einen leichten Gelbton bekommt. Das zeugt von einer erhöhten Leberaktivität und geht nach ein paar Tagen wieder weg.

Sie können die Wirkung der Trinkkur verstärken, indem Sie das Aloe Vera Gel auch äußerlich anwenden. Bürsten Sie Ihre Haut täglich mit Naturborsten und bestreichen Sie sie anschließend mit tiefgefrorenem Aloe Vera Gel. Dafür frieren Sie das Aloe Vera Gel einfach in Ihrem Eiswürfelbereiter ein.

Das Aloe Mandala

Zutaten

FÜR DIE EMPFOHLENE
TAGESMENGE
50 ml Aloe Vera Gel
150 Gramm Sellerieknolle
200 Gramm
Kopfsalatblätter
1 Teelöffel Sonnenblumenöl

Zubereitung

Verwenden Sie möglichst nur die dunkelgrünen Blätter des Kopf-salates, denn in den Kopfsalatherzen sind wenig Wirkstoffe. Geben Sie die Sellerieknolle und die Kopfsalatblätter in den Entsafter, anschließend den Saft mit dem Aloe Vera Gel und dem Sonnenblu-menöl mit dem Stabmixer verrühren.

Das Aloe Vera Gel verstärkt die Wirkung der in kleinen Spuren im Kopfsalat enthaltenen opiatähnlichen Stoffe. Zusammen mit den beruhigenden und den Blutdruck senkenden Stoffen der Sellerie entsteht ein Aloe-Elixier, das nach dem Genuß den Körper in einen wundervollen Zustand der Entspannung versetzt. Sie werden sich fühlen wie nach einer herrlichen Entspannungs-Meditation. Trinken Sie dieses Aloe Vera Elixier nach einem anstrengenden Tag etwa eine Stunde nach dem Abendessen.

Nebelkönigs Wunderbecher

Zutaten

150 ml Aloe Vera Gel

300 Gramm Karotten,
möglichst mit Blattgrün

3 Äpfel

1 Teelöffel Sonnenblumenöl

Zubereitung

Die Karotte mit etwas Blattgrün und die Äpfeln mit der Schale entsaften. Den Saft mit dem Aloe Vera Gel und dem Sonnenblumenöl mischen.

Dieser Vitaldrink ist ein Kraftpaket des Provitamins C und wird daher besonders den Rauchern empfohlen, denn Raucher haben einen deutlich höheren Vitamin C-Bedarf als Nichtraucher. Wenn Sie Stress ausgesetzt sind oder sehr viel rauchen, sollten Sie noch einen halben Teelöffel Vitamin C-Pulver (aus der Apotheke) hinzufügen. Trinken Sie dann über den Tag verteilt mindestens 3 Gläser des Nebelkönigs-Wunderbechers.

Wenn Tiere in Stress geraten, zum Beispiel auf der Flucht, erhöht sich ihre Vitamin C Produktion um ein Vielfaches.

Aloe der Heiligen Odilie

Zutaten

FÜR DIE EMPFOHLENE
TAGESMENGE
50 ml Aloe Vera Gel
200 Gramm Rotkraut
1 halben Apfel
etwas Zimt

Zubereitung

Das Rotkraut und den Apfel mit Schale und Kerngehäuse zusammen in den Entsafter geben und entsaften. Den Saft mit dem Aloe Vera Gel mischen, mit etwas Zimt würzen. Dieser Vitaldrink ist besonders geeignet für Menschen mit Nachtsicht-Problemen. Aloe Vera klärt das Auge. Der Farbstoff im Rotkohl macht das Auge sensibel.

Dieses Elixier wirkt außerdem blutbildend, cholesterinsenkend und entwässert den Organismus. Es stärkt Knochen und Nieren. Rundum, körperlich und seelisch ein harmonisierender Drink.

Jupiters Grünschale

Zutaten

FÜR DIE EMPFOHLENE
TAGESMENGE
50 ml Aloe Vera Gel
50 Gramm Salatgurke
1 Teelöffel Microalge Spirulina
in Pulverform

Zubereitung

Die Gurke mit dem Aloe Vera Gel im Mixer pürieren, anschließend das Spirulinapulver untermischen. Verwenden Sie niemals die Gurkenschale, wenn Sie nicht 100% ig wissen, dass die Gurke unbehandelt ist. Die Schale einer Bio-Gurke hat sehr viele wichtige Inhaltsstoffe.

Dieser Vitaldrink eignet sich hervorragend zur Unterstützung einer Diät, denn er hat reichlich Vitamin A, Vitamin B12, steckt voller Mineralstoffe, Spurenelemente und blutbildendem Chlorophyll, so dass der Körper trotz einer Diät auf nichts verzichten muss, um voller Vitalität zu sein.

Statt Spirulina kann auch die Microalge Chlorella verwendet werden. Diese Microalge ist so klein wie ein rotes Blutkörperchen, also mit dem bloßen Auge nicht sichtbar. In Japan nehmen täglich über 5 Millionen Menschen Chlorella, da sie um die immunstärkende Wirkung dieser Alge wissen.

Mit diesem Vitaldrink können Sie Ihren Körper unterstützen , Schwermetale und chemische Schadstoffe besser auszuscheiden. Ein Glas täglich getrunken und Sie sind in 2 bis 3 Monaten ein neuer Mensch.

Aloe-Elixiere und Kuren

Appolos Kelch

Zutaten

FÜR DIE EMPFOHLENE
TAGESMENGE

50 ml Aloe Vera Gel

300 Gramm Ananas

Zubereitung

Die Ananas sollte reifgeerntete Flugware sein. Die mit dem Schiff transportierten Ananas sind grün geerntet, deshalb fast wertlos. Nur die in der Sonne gereifte Ananas hat die wichtigen Wirkstoffe.

Die Ananas mit der Schale und dem harten Mittelstück in den Entsafter geben. Gerade im Mittelstück der Ananas, das die meisten Menschen wegwerfen, sind viele wertvolle Inhaltsstoffe, z.B. das verdauungsförderne Enzym Bromelain. Nach dem Entsaften das Aloe Vera Gel hinzufügen und kurz umrühren. Den Saft mit einigen Stückchen der reifen Ananas garnieren und trinken.

Dieser Cocktail ist eine gute Verdauungshilfe und das beste Schlankheitsmittel. Er hilft Entzündungen abzubauen und beschleunigt Heilungsprozesse im Körper.

Zaubertrank des Paracelsus

Zutaten

FÜR DIE EMPFOHLENE
TAGESMENGE
50 ml Aloe Vera Gel
300 Gramm
rote Weintrauben

Zubereitung

Hier zeigt sich die Qualität einer Saftmaschine, denn die wertvollsten Inhaltsstoffe der Trauben sitzen in den Schalen und Kernen. Entsaften Sie die gewaschenen Weintrauben. Kaufen Sie möglichst Ware aus biologischem Anbau. Wenn Sie selbst Reben im Garten haben, können Sie auch ein paar Blätter mit verarbeiten, besonders wenn sie sich schon rot gefärbt haben. Falls nach dem Entsaften im übriggebliebenem Trester noch ganze Schalen und Kerne sind, zerstampfen Sie diese in einem großen Mörser. Den entstandenen feinen Brei vermischen Sie mit dem Aloe Vera Gel und lassen ihn mindestens zwei Stunden ziehen.

Stellen Sie den Traubensaft in der Zwischenzeit in den Kühlschrank. Vor dem Verzehr geben Sie Saft und fertigen Brei in den Mixer.

Das in roten Trauben enthaltene Resveratol ist schon lange als krebshemmendes Mittel bekannt. Neuerlich berichteten Wissenschaftler aus England, dass Sie nachgewiesen haben, dass es auch Krebszellen zerstören kann. Unbehandelte Biotrauben enthalten mehr von diesem Wirkstoff. Außerdem enthalten die Schalen und Kerne der Weintrauben Oligomere Proanthocyanidine, kurz OPC genannt. OPC wird auch als Vitamin P bezeichnet und gehört zu den stärksten Antioxidanzien, 50 mal stärker als Vitamin E, 20 mal stärker als Vitamin C und außerdem ein wichtiger Co-Faktor für das Vitamin C. Es beseitigt und schützt vor Lipofuscin Ansammlungen, eine Art Altersflecken in Herz und Gehirn.

Dieser Zaubertrank schützt vor Herzinfarkt und Schlaganfall. Erhalten Sie mit diesem Göttertrunk Ihre Jugendlichkeit bis ins hohe Alter.

Vitalisierende Aloe-Cocktails

Aloe Cresso

Zutaten

FÜR DIE EMPFOHLENE
TAGESMENGE
50 ml Aloe Vera Gel
50 Gramm Brunnenkresse oder
Gartenkresse
125 Gramm Karotte
125 Gramm Kürbis

Zubereitung

Die Kresse, die Karotten und den Kürbis
entsaften, dann mit dem Aloe Vera Gel
mischen.

Von der Kresse sollten Sie keinesfalls mehr
nehmen als angegeben, da sie ein starker
Darmreiniger ist.

Dieser Aloe Vera Cocktail bietet eine gute
Unterstützung bei Virusinfektionen. Er reinigt
auch das Blut und lässt Erkältungen schneller
abklingen.

Mit den letzten Kürbissen und der ersten
Kresse im Frühling, können Sie mit Aloe
Cresso auch Ihre Frühjahrs-Kur starten.

Vitalisierende Aloe-Cocktails

Aloebecher Dädalus

Zutaten

FÜR DIE EMPFOHLENE
TAGESMENGE

100 ml Aloe Vera Gel
400 Gramm frische Sand-
dornbeeren
30 Gramm Honig

Zubereitung

Die Sanddornbeeren in der Saftmaschine entsaften, mit dem Aloe Vera Gel mischen und dem Honig süßen.

Sanddorn enthält viel Powervitamin C (450 mg pro 100 Gramm). Die orangegelben Beerenfrüchte haben außerdem einen hohen Gehalt an Betakarotin, Vitamin E, Folsäure, Kalzium und Magnesium. Die Beeren stammen aus Ostasien und dem Kaukasus und wachsen in Europa meistens in Wassernähe.

Der Sanddornsaft wird vor allem zur Stärkung des Immunsystems getrunken. Der hohe Gehalt der antioxidativen Vitamine wird intensiv verstärkt durch die Inhaltsstoffe der Aloe Vera. Dieser Aloebecher Dädalus beflügelt wahrlich und ist eine schmackhafte Möglichkeit, Frühjahrsmüdigkeit wirkungsvoll zu vertreiben.

Weisheit der Saraswati

Zutaten

FÜR DIE EMPFOHLENE
TAGESMENGE

50 ml Aloe Vera Gel
1 Kaki Frucht
20 Gramm Brunnenkresse
1 Apfel

Zubereitung

Die Früchte mitsamt der Schale und der Kerngehäuse zusammen mit der Kresse in der Maschine
entsaften. Mit dem Aloe Vera Gel mischen.
Das Aloe Vera Gel unterstützt hier die Eigenschaften
der Früchte ganz entscheidend. Kresse besitzt einen
hohen Jodgehalt, wodurch die Schildrüsenfunktion
angeregt und die Wachstumshormone unterstützt
werden. Die Brunnenkresse ist ein starker Entgifter
und enthält alle antioxidativen Vitamine. Die Antioxidantien in der Kresse stärken das Immunsystem,
insbesondere bei Erkältungen, Katarrh, Nasen-
nebenhöhlenentzündungen und Halsinfektionen.
Achten Sie besonders darauf, dass die Brunnenkresse aus biologischem Anbau stammt, grüne
Blätter hat und nicht verwelkt ist.

Glücksbote

Zutaten

FÜR DIE EMPFOHLENE
TAGESMENGE

50 ml Aloe Vera Gel

1 Banane

1 Apfelsine

Zubereitung

Das Aloe Vera Gel, die geschälte Banane und die geschälte Apfelsine zusammen im Mixer fein pürieren, wenn nötig etwas frisch gepressten Apfelsinensaft hinzufügen, damit der Brei flüssiger und damit trinkfähig wird.

Nur reife Bananen verwenden, am besten Bananen mit kleinen braunen Flecken. Denn nur reife Bananen haben die Glückshormone Serotonin und Salsolinol entwickelt.

Trinken Sie diesen Glücksboten schon früh morgens, damit gute Laune und Heiterkeit Ihren Tag erfüllen.

Baby-Fitt

Zutaten

FÜR DIE EMPFOHLENE
TAGESMENGE (GRUNDREZEPT)

100 ml Aloe Vera Gel
4 Apfelsinen
400 Gramm Erdbeeren
2 Esslöffel Blütenpollen

Zubereitung

Die süßen Spätorangen entsaften und mit den restlichen Zutaten im Mixer verarbeiten.

Mit ein paar Erdbeerstückchen servieren. Trinken Sie diesen Vitaldrink auf zwei Portionen über den Tag verteilt. Er unterstützt in der Schwangerschaft die Zellteilung und fördert so ganz erheblich die Entwicklung Ihres Kindes. Natürlich profitiert Ihre eigene Zellerneuerung auch davon.

Aloe-Wonne

Zutaten

FÜR DIE EMPFOHLENE
TAGESMENGE

1 Zitrone
50 ml Aloe Vera Gel
150 ml Rosenquarz-
Wasser

Zubereitung

Die Zitrone ausdrücken, mit Aloe Vera Gel und
dem Rosenquarzwasser mischen
Die Aloe-Wonne hilft, Müdigkeit, Kopfschmerzen
und Depressionen zu vertreiben.
Die Zitrone wirkt keimabtötend, ist herzstärkend,
blutdrucksenkend, fiebersenkend und bekämpft
krebsauslösende freie Radikale.
Das Fruchtfleisch der Zitrone immer mit der Albedo
(weisse Innenhaut der Frucht) auspressen. Wenn
Sie frische Zitronenblätter zur Verfügung haben,
pressen Sie einige mit hinein, das fördert die Gallen-
säurebildung im Körper.

Vitalisierende Aloe-Cocktails

Aloebecher Asia Queen

Zutaten

FÜR DIE EMPFOHLENE
TAGESMENGE
50 ml Aloe Vera Gel
20 Gramm getrocknete
Tamarinde
2 Esslöffel Honig
1 Wassernuss
150 ml Rosenquarz-Wasser

Zubereitung

Die Tamarindenfrucht ist in Europa nur selten frisch erhältlich. Die getrockneten Tamarinden sind aber gleichwertig, sie sind als Blockware im asiatischen Feinkosthandel erhältlich. Die Wassernuss bekommt man dort auch frisch.

Schneiden Sie ein walnussgrosses Stück von der Tamarinde ab. Dieses wird in noch kleinere Stücke zerteilt, die Kerne werden entfernt. Die Stückchen in den Mixer geben und ein wenig Rosenquarzwasser hinzufügen, bis eine glatte Masse entsteht. Nun die Wassernuss dazugeben. Anschließend den Honig, das Aloe Vera Gel und das restliche Rosenquarzwasser daruntermischen.

In Asien werden auf diese Art viele Erfrischungsgetränke zubereitet, die nicht nur den Durst löschen, sondern auch den Energiepegel in den einzelnen Körperzellen erhöhen sollen. Wahrhaft königliche Getränke und Elixiere zaubern sich die Asiaten damit.

Dieser Aloe Vera Cocktail hilft, die Abwehrkräfte in der Erkältungszeit zu mobilisieren und zieht die Gifte aus dem Körper. Er hat deshalb auch einen sanft abführenden Effekt. Der Energiestoffwechsel in der Körperzelle wird angeregt. Ein ideales Getränk, um schnell wieder fit zu werden.

Vitalisierende Aloe-Cocktails

Guardian Angel

Zutaten

FÜR DIE EMPFOHLENE
TAGESMENGE
50 ml Aloe Vera Gel
300 Gramm rote Bete
1 Löffel Honig

Zubereitung

Die Knolle der roten Bete zusammen mit einigen Blättern entsaften. Das Aloe Vera Gel und den Honig hinzufügen. Alles gut mit dem Stabmixer durchrühren. Sofort trinken.

Alle Zutaten haben stark tumorfeindliche Eigenschaften und bilden in der Krebstherapie eine wirkungsvolle Unterstützung. Mit dem Guardian Angel können radioaktive Strahlungsschäden im Körper neutralisiert werden. Die roten und weißen Blutkörperchen werden erneuert. Die Verdauungsorgane werden gekräftigt. Die Abwehr und Entgiftung des Körpers wird gestärkt.

Erschrecken Sie nicht, wenn sich Harn und Stuhl anfangs rot färben. Dies ist bedingt durch den roten Pflanzenfarbstoff Anthozyan, der in der roten Bete vorhanden ist.

Trinken Sie diesen Aloe Vera Cocktail regelmäßig. In der Rekonvaleszens und nach Operationen am besten täglich.

Vitalisierende Aloe-Cocktails

Aloebecher Minos

Zutaten

FÜR DIE EMPFOHLENE
TAGESMENGE
50 ml Aloe Vera Gel
200 Gramm Kohlrabi
1 Apfel
50 Gramm Paprika

Zubereitung

Von der Kohlrabi nur die harte untere Schale entfernen, die weiche Schale (grün- oder lilafarben) nicht entfernen. Die Kohlrabi, den Apfel mitsamt Schale und Kernghäuse und die ausgenommene Paprika in den Entsafter geben und entsaften. Den entstandenen Saft mit dem Aloe Vera Gel mischen.

Der Aloebecher Minos ist ein wirkungsvolles Mittel gegen Hefepilze und Bakterien im Körper. Die Inhaltsstoffe stärken das Immunsystem und schützen vor Krebs, Herzerkrankungen und Schlaganfall, denn dieser Cocktail ist voller hochwirksamer Antioxidantien.

Vitalisierende Aloe-Cocktails

Waldcocktail der Genoveva

Zutaten

FÜR DIE EMPFOHLENE
TAGESMENGE
50 ml Aloe Vera Gel
200 Gramm Waldbeeren-
Mischung, frisch oder
tiefgefroren

Zubereitung

Die Brombeeren, Heidelbeeren, Himbeeren, Erdbeeren und Johannisbeeren mit dem Aloe Vera Gel im Mixer vermengen. Aus den tiefgefrorenen Zutaten lässt sich auch mit einer guten Saftmaschine ein hervorragendes Aloe-Waldbeer-Sorbet herstellen, das vor allem im Sommer eine köstliche Erfrischung ist.

Dieser Cocktail reinigt und vitalisiert den Körper, hilft beim Aufbau neuer Zellen und schützt auf effektive Weise das Immunsystem. Beeren haben einen hohen Anteil an Antioxidantien und beugen damit vorzeitiger Alterung vor. Erdbeeren sind besonders günstig für die Haut. Sie glätten Linien und Falten. Johannisbeeren, Heidelbeeren und Brombeeren reinigen das Blut und verstärken unsere Energie. Dabei unterstützt das Aloe Vera Gel als Aktivator die Wirkungskräfte der Beeren.

Vitalisierende Aloe-Cocktails

Sokrates-Becher

Zutaten

FÜR DIE EMPFOHLENE
TAGESMENGE
50 ml Aloe Vera Gel
2 Birnen

Zubereitung

Die Birnen mit der Schale und dem Kerngehäuse in den Entsafter geben. Sind die Birnen sehr weich, kann man sie einfach in den Mixer geben und verquirlen. Anschießend das Aloe Vera Gel hinzufügen. Dieser Sokrates-Becher ist aufgrund seines hohen Gehaltes an Kiesel- und Phosphorsäure die beste Gehirn- und Nervennahrung, die Sie sich gönnen können. Das Aloe Vera Gel verstärkt die Wirkung der Inhaltsstoffe um ein Vielfaches. Der Cocktail ist leicht herzustellen und ist besonders erquickend mit frisch geernteten Birnen im Herbst, die am Baum gereift sind.

Vitalisierende Aloe-Cocktails

Asklepios Cocktail

Zutaten

FÜR DIE EMPFOHLENE
TAGESMENGE
100 ml Aloe Vera Gel
400 Gramm Brokkoli
200 Gramm Wurzelpetersilie
mit Blättern

Zubereitung

Verwenden Sie die geschlossenen grünen Brokkoli-
blüten mit den Blättern, die Petersilie mit der
Wurzel und den Blättern. Wenn Sie keine Wurzel
bekommen können, nehmen Sie 100 Gramm Peter-
silienblätter mit Stielen und erhöhen den Brokkoli-
anteil entsprechend. Alles in der Saftmaschine
entsaften und dann mit dem Aloe Vera Gel mischen.
Mit diesem Vitalcocktail helfen und unterstützen
Sie Ihren Körper bei der Abwehr von feindlichen
Krebszellen. Das Aloe Vera Gel aktiviert und verstärkt die tumorfeindlichen Wirkstoffe des Brokkoli.
Wenn Sie Gemüse essen, entweder als geraspelter
Salat oder als gekochtes Gemüse, haben Sie eine
Bioverfügbarkeit der Wirkstoffe von 5 bis 25 %, da-
gegen beim frisch gepressten Saft fast 100 %.

Vitalisierende Aloe-Cocktails

Becher der Nofretete

Zutaten

FÜR DIE EMPFOHLENE
TAGESMENGE
80 ml Aloe Vera Gel
300 g Karotten
150 g rote Beete
1 Tomate
30 g Petersilie

Zubereitung

Geben Sie das gewaschene Gemüse mit Schale und möglichst etwas Blattgrün in den Entsafter, den entstandenen Saft mischen Sie mit dem Aloe Vera Gel. Die Komposition dieses Aloe Vera Cocktails ist besonders auf den Stoffwechsel der Frau und die Bedürfnisse des weiblichen Körpers abgestimmt. Der Becher der Nofretete ist blutbildend und wirkt Krampfadern und Zellulite entgegen. Die natürlichen pflanzlichen Hormone dieses Gemüsecocktails können den Hormonspiegel in der Menopause ausgleichen, dadurch ist die Hormonumstellung langsamer und kann problemlos ablaufen. Es wird empfohlen, täglich einen halben Liter davon zu trinken.

Vitalisierende Aloe-Cocktails

Kelch des Herkules

Zutaten

80 ml Aloe Vera Gel

400 Gramm Karotte

100 Gramm rote Beete

100 Gramm Sellerie

50 Gramm Petersilienwurzel

mit Blattgrün

Zubereitung

Das Wurzelgemüse (Karotte, rote Beete, Sellerie und Petersilienwurzel) unter fließendem Wasser gut abbürsten und ungeschält mit etwas Blattgrün in den Entsafter geben und entsaften. Das Aloe Vera Gel hinzugeben und vermengen.
Dieser Cocktail ist speziell auf den Organismus des Mannes abgestimmt. Er hilft, Giftstoffe, Säuren, anorganische Mineralstoffe, Schwermetalle und Chemikalien im Körper zu lösen und auszu-schwemmen. Er beugt damit einer häufigen Männerkrankheit, der Gicht, vor und kann helfen, die vorhandenen Beschwerden zu lindern.

Blütenkelch Royale

Zutaten

100 ml Aloe Vera Gel

1 Mango oder beliebige andere Frucht

2 Esslöffel Blütenpollen

Zubereitung

Die Zutaten im Mixer zu einem cremigen aber noch trinkbaren Mus verarbeiten.
Blütenpollen haben mehr Eiweißbausteine als Rindfleisch. Dieser Blütenkelch Royale ist also ideal für Vegetarier. Er ist ein Biostimulator, wirkt appetitanregend, stimmungsaufhellend und blut-bildend. So verbessert dieser Vitaltrunk Ihre Leis-tungsfähigkeit ganz erheblich. Die empfohlene Tagesmenge gibt auch einen ausreichenden Schutz vor Mangelerscheinungen wie Blutarmut und Osteoporose.

Liebesgöttin Freya

Zutaten

FÜR DIE EMPFOHLENE
TAGESMENGE
50 ml Aloe Vera Gel
250 Gramm Yamswurzel
1 Gramm Cordyceps sinensis
(Pilzpulver)

Zubereitung

Das Pilzpulver im Aloe Vera Gel einweichen, 15 Minuten ziehen lassen. In dieser Zeit die Yamswurzel in der Saftmaschine oder einer Zentrifuge auspressen, dann alles vermischen. In der Yamswurzel sind Stoffe enthalten, die im Körper die Produktion der Geschlechtshormone Östrogen und Testosteron anregen.

Da unser Körper mit zunehmendem Alter immer weniger dieser Hormone herstellt, so auch die sexuelle Energie langsam nachläßt, ist dieser Aloe Aphrodisiaka Cocktail ein ideales sexuelles Stärkungsmittel. Auch Beschwerden der Wechseljahre lassen sich deutlich lindern, wenn die Frau sich regelmäßig den Aloe Cocktail der Liebesgöttin Freya gönnt.

Yamswurzeln bekommen Sie in der Regel frisch in jedem Asia-Laden. Der chinesische Raupenpilz Cordyceps sinensis wächst in 2500 Metern Höhe im Himalajagebirge auf dem Mist einer Fledermausart. Dieser Pilz bildet seine Fruchtkörper auf den verhungerten Raupen einer mistfressenden Schmetterlingslarvenart. Es ist der teuerste Pilz der Welt mit Preisen zwischen 3000 und 5000 Euro für ein Kilo. Heute gibt es Pilzzüchter in China und den USA, die das Pilzmyzel (Pilzgeflecht) züchten. Die eigentlichen Fruchtkörper lassen sich nicht züchten. Wir können Ihnen versichern, dass das preiswerte Pulver, welches aus diesen Pilzfäden (Sporen) gewonnen wird, die gleiche Wirkung hat, wie sie dem frischen Pilz nachgesagt wird, nachdem es im Gel der Aloe Vera eingeweicht wurde. In China wird dieser Pilz seit Jahrhunderten als nebenwirkungsfreies sexuelles Stärkungsmittel eingesetzt.

Baby Bell

Zutaten

FÜR DIE EMPFOHLENE
TAGESMENGE
100 ml Aloe Vera
1 Pfirsich
1 Mango
etwas Rosenquarzwasser

Zubereitung

Die Früchte entsteinen und mit dem Aloe Vera Gel im Mixer verarbeiten. Solange Kristallwasser dazugeben, bis eine trinkfähige Konsistenz entsteht. Dieser Aloe Vera Shake hat einen ausgezeichneten, wunderbar fruchtigen Geschmack. Er stärkt die Sehkraft, kräftigt Haut und Haare und unterstützt die Funktion der Schleimhäute.

Die im Saft vorhandenen Wirkstoffe regen die Samenproduktion des Mannes an und fördern die Liebeslust von Mann und Frau.

Ein Ehepaar aus unserem Freundeskreis hat nach über zehn Jahren intensiven, aber vergeblichen Versuchen nun endlich seinen Kinderwunsch erfüllt bekommen. Dieses Paar berichtet, dass es über einen längeren Zeitraum von mehreren Monaten täglich den Aloe Aphrodisiakum Shake Baby Bell getrunken hat.

Venuskelch

Zutaten

FÜR 250 ML
(FÜR 2 PERSONEN)
50 ml Aloe Vera Gel
2 reife Tomaten
1 rote Paprikaschote
grüner Pfeffer
Zitrone

Zubereitung

Von der Tomate den grünen Stielgrund entfernen. Er enthält das Gift Solanin, es kann Entzündungen, Kopfschmerzen und trockene Haut verursachen. Die Tomate und die Paprika entsaften, dann mit dem Aloe Vera Gel mischen, mit ein paar grünen Pfefferkörnern und etwas Zitronensaft würzen. Nehmen Sie gefriergetrockneten Pfeffer, drücken ihn ein wenig, so dass die Körner platzen, aber nicht zerfallen. Weichen Sie den grünen Pfeffer im Aloe Vera Gel ein.

Sie benötigen nur ein paar Tropfen Zitrone. Damit Sie die Zitrone nicht wegwerfen müssen, stechen Sie einfach mit einer Nadel ein kleines Loch in die gewaschene, ungespritzte Zitrone. Jetzt können Sie mit ein wenig Druck so viele Tropfen herausdrücken wie Sie wollen. Anschließend ist die Zitrone im Kühlschrank noch lange lagerfähig.

Den Venuskelch trinkt man am besten zu zweit.

Aloe-Casanova

Zutaten

100 ml Aloe Vera Gel
1 Kokosnuss

Zubereitung

Beim Kauf einer Kokosnuss sollte man immer darauf achten, dass sie frisch ist. Wenn man die Kokusnuss schüttelt, hört man, wieviel Saft sie enthält. Enthält sie reichlich Saft, ist sie frisch, wenig Saft bedeutet, dass sie schon lange im Laden liegt und älter ist. Eine Kokusnuss ohne Saft ist ungenießbar.

Mit einem Hammer geben Sie leichte Schläge auf die gesamte Oberfläche der Nuss, dann konzentrieren Sie den Hammer auf die Mittellinie, den Äquator der Kokosnuss. Halten Sie jetzt die Kokosnuss über eine Schüssel und geben ihr einen kräftigen Schlag auf den Äquator. Sie zerplatzt in zwei gleiche Hälften und der Saft läuft in die Schüssel. Nun können Sie das innere und gelockerte Mark der Kokusnuss leicht herausnehmen.

Das Kokosmark in den Entsafter geben, so entsteht eine flüssige Milch. Diese Milch wird mit dem Kokossaft und dem Aloe Vera Gel gemischt.

Dieser Cocktail schmeckt vorzüglich, er ist ein sehr starkes Kräftigungsmittel. Trinken Sie diesen Aloe Vera Cocktail in der Rekonvaleszenz und bei starken körperlichen und seelischen Belastungen. Kokosnüsse enthalten reichlich Biotin und Mangan, daher unterstützt dieser Shake die gesunde Funktion des Nervensystems und Knochenmarks. Er regt die Neubildung von Hautgewebe und Blutzellen sowie die Bildung der männlichen Sexualhormone an. Der Aloe-Casanova-Shakes ist ein damit wahres Aphrodisiakum für jeden Mann. Frauen schätzen ihn ebenso, da er den Nerven und der Seele gut tut.

Aloe claire Kamasutra

Zutaten

FÜR DIE EMPFOHLENE
TAGESMENGE
100 ml Aloe Vera Gel
600 Gramm Karotten

Zubereitung

Die Karotten mit einer Bürste und Wasser reinigen, nicht schälen. Mit den jungen Blättern, wenn vorhanden, in die Saftmaschine geben. Mit dem Aloe Vera Gel mischen.

Die Bioverfügbarkeit der Inhaltstoffe von Karotten liegt beim gewöhnlichen Verzehr als Salat bei nur etwa 15%, mit Aloe Vera als frisch gepresster Saft bei nahezu 100%.

Dieser wohlschmeckende Vitamincocktail hat neben seiner besonders guten Wirkung auf die Augen noch eine ganze Reihe anderer Vorteile. Er beugt Arteriosklerose vor, senkt einen erhöhten Cholesterinspiegel und schützt durch die reichlich enthaltenen Carotinoide vor Krebs. Zudem wird die Regeneration von Leber, Nebennieren und Keimdrüsen angeregt und die Funktion dieser Organe positiv unterstützt.

Die Karottenblätter im Saft erweitern das Wirkungsspektrum dieses Shakes um ein Vielfaches, denn das in den Bättern enthaltene Chlorophyll ist blutbildend. Die ebenso in den Blättern der Karotten reichlich vorhandenen Porphyrine regen besonders die Produktion der männlichen und weiblichen Sexualhormone an.

Trinken Sie die Aloe claire Kamasutra zu zweit, am besten täglich einen halben Liter, um bald die positiven Auswirkungen zu spüren.

Forever Living

Zutaten

FÜR DIE EMPFOHLENE
TAGESMENGE

50 ml Aloe Vera Gel

2 Kiwis

Zubereitung

Die Kiwis schälen oder mit einem Löffel das Fruchtfleisch herausnehmen, zusammen mit dem Aloe Vera Gel im Mixer fein pürieren.

Die Kiwi ist ursprünglich eine Chinesische Stachelbeere (Actinidia chinensis). Sie wird in ihrem Heimatland Yang Tao genannt. In China gilt diese Frucht als natürliches Antibiotikum, gemischt mit dem Aloe Vera Gel verstärkt sich die antibiotische Wirkung dieser Frucht um ein Vielfaches. So ist der regenerierende Aloe-Saft Forever Living ein wirksamer Schutz vor Infektionen, indem er das Immunsystem stärkt. Dieser Energie-Cocktail kann jedoch noch sehr viel mehr, denn er vertreibt wirkungsvoll die Müdigkeit und verbessert die Blutzirkulation im Körper. Nach dem Genuß dieses Aloe-Saftes fühlen Sie sich erfrischt und voller neuer Energie. Gleichzeitig scheidet der Körper verstärkt überschüssige Säuren aus und Sie beugen auf diese Weise Gewebeablagerungen vor und bauen einen Schutz auf gegen die weit verbreiteten Zivilisationskrankheiten wie Rheuma, Gicht, Verstopfung oder Krebs.

Segnung der Göttin Uma

Zutaten

FÜR DIE EMPFOHLENE
TAGESMENGE
50 ml Aloe Vera Gel
200 Gramm Erdbeeren frisch
oder tiefgekühlt
einige Ananas-Minze Blätter
zum Garnieren

Zubereitung

Die Zutaten ohne die Ananas-Minze Blätter zusammen in den Mixer geben und verquirlen. Es entsteht ein breiiger Aloe-Erd-beer-Cocktail, der sehr lecker und erfrischend ist. Garnieren Sie diesen wunderbaren Saft der Göttin Uma mit einigen Ananas-Minze Blättern und servieren ihn.

In der Erdbeerzeit sollten Sie täglich zwei oder drei Gläser dieses regenerierenden Saftes auslöffeln. Diese Cocktail ist ein Elixier für die Nieren und die Harnblase, unterstützt die Funktion dieser Organe und wirkt Steinen entgegen. Auch bei Rheuma- und Gichtproblemen können Sie eine deutliche Linderung Ihrer Schmerzen bei regelmäßigem Genuß dieses Cocktails erfahren. Mit einer guten Saftmaschine lässt sich auch ein gutes Aloe-Erd-beer-Sorbet zubereiten. Mischen Sie dazu das Aloe Vera Gel mit tiefgefrorenen Erdbeeren und drei Minzeblättern und geben alles zusammen in die Saftmaschine und fertig ist ein erstklassiges Sorbet, das Sie genußvoll löffeln oder auch wieder tiefgefrieren können.

Nirvana

Zutaten

FÜR DIE EMPFOHLENE
TAGESMENGE

50 ml Aloe Vera Gel
200 Gramm Knollenfenchel
1 Apfel

Zubereitung

Den Fenchel mit dem Apfel in den Entsafter geben, entsaften und mit dem Aloe Vera Gel mischen.

Dieser Vitaldrink schmeckt sehr gut, hat sehr viele Vitamine und Mineralstoffe wie Eisen, Magnesium, Kalium und Calcium, vor allem aber das Königsvitamin C.

Er ist schleimlösend, entwässert und hat eine starke beruhigende Wirkung. Trinken Sie jedoch mehr als ein Glas, kann der Drink Sie auch erregen.

Apicius-Becher

Zutaten

FÜR DIE EMPFOHLENE
TAGESMENGE
50 ml Aloe Vera Gel
150 Gramm Steckrübe
mit Blättern
150 Gramm Karotte
mit Blättern

Zubereitung

Die Steckrübe und die Karotten mit den jungen Blättern in die Saftmaschine geben und alles entsaften. Den Saft mit dem Aloe Vera Gel mischen.

Dieses Elixier hat einen sehr guten Einfluss auf den Leberstoffwechsel. Die Leber kann sich regenerieren, die Pfortader wird entlastet, krankhafte Hämorrhoiden können abheilen.

Trinken Sie mehrere Wochen täglich mindestens drei Gläser über den Tag verteilt, am besten vor den Mahlzeiten.

Essen Sie keine denaturierten Kohlenhydrate und trinken Sie keinen Alkohol.

Viele Menschen haben Leberprobleme, weil sie ihre Speisen falsch kombinieren. Ein häufiger Ernährungsirrtum basiert auf der Annahme, dass man Obst am besten als Nachtisch verzehren sollte. Betrachten Sie Obst immer als eine vollständige Mahlzeit, sonst können Blähungen und Alkohol im Körper entstehen. So kommt es, dass so mancher eine »Säuferleber« hat, obwohl er keinen Alkohol trinkt.

Honey-Aloe

Zutaten

FÜR DIE EMPFOHLENE
TAGESMENGE
50 ml Aloe Vera Gel
1 Apfel
150 Gramm Honigmelone

Zubereitung

Den Apfel mit Schale und Kerngehäuse und die geschälte Melone in den Entsafter geben und alles zusammen entsaften. Anschließend mit dem Aloe Vera Gel mischen.

Dieser Vitaldrink ist besonders zu empfehlen bei Rheuma und Gicht. Es werden Gifte im Körper neutralisiert und schlechtes Cholesterin wird abgebaut. Harnsäureablagerungen und überschüssiges Salz kann werden leichter vom Körper ausgeschieden. Die rheumatischen Beschwerden lindern sich nach und nach. Es wird Rheumatikern und Menschen, die unter Gicht leiden, daher empfohlen, den regenerierenden Aloe-Saft Honey-Aloe möglichst täglich über einen längeren Zeitraum zu trinken, damit der Körper genügend Zeit hat, die die Schmerzen verursachenden Ablagerungen abzubauen.

Regenerierende Aloe-Säfte

Muttergöttin Durgas Lebenselexier

Zutaten

FÜR DIE EMPFOHLENE
TAGESMENGE
50 ml Aloe Vera Gel
250 Gramm Spinatblätter
50 Gramm Luzerne-
blätter (Alfalfa)
einige Johannisbeeren zur
Geschmacksabrundung

Luzern und Spinat enthalten reichlich Chlorophyll, das gegen alle degenerativen Erkrankungen der Gelenke unterstützend eingesetzt werden kann. Das Aloe Vera Gel verstärkt als Aktivator die Wirkung der Spinat- und Luzerninhaltstoffe und wirkt an sich als eine Art Schmiermittel für die Gelenke.

Trinken Sie diesen regenerierenden Aloe-Saft regelmäßig und täglich, damit Sie bald Linderung erfahren.

Verwenden Sie nur Spinat aus biologischem Freilandanbau, am besten aus dem eigenen Garten. In der lichtarmen Jahreszeit ist im Spinat oft zuviel Nitrat enthalten.

Luzerne ist auch als Alfalfa bekannt und leider als Gemüse nicht erhältlich. Sie können Keimlinge kaufen oder selber ziehen. Da Luzerne fast überall gedeiht, kann man es auch gut im eigenen Garten anzubauen. Holen Sie sich diese nährstoffreiche Pflanze am besten von einem Ökobauern, der Sie für seine Tiere anbaut. Verwenden Sie zum Pressen aber nur die Blätter und die zarten Triebspitzen.

Versuchen Sie auch diese Variante

50ml Aloe Vera Gel, 300 Gramm Karotten und 50 Gramm Luzerne.

Zubereitung

Geben Sie die Spinat- und Luzerneblätter in die Saftmaschine zum Entsaften. Fügen Sie das Aloe Vera Gel hinzu. Zur Geschmacksabrundung können Sie den Cocktail mit einigen Johannisbeeren garnieren.

Regenerierende Aloe-Säfte

Aloebecher des Neptun

Zutaten

FÜR DIE EMPFOHLENE
TAGESMENGE
50 ml Aloe Vera Gel
2 Äpfel
50 Gramm Weißkraut
50 Gramm Petersilienwurzel
mit Blattgrün

Zubereitung

Die Äpfel, den Weißkohl und die Petersilie in der Saftmaschine entsaften, dann mit dem Aloe Vera Gel mischen.

Mit diesem Vitaldrink wird die Nierenfunktion angeregt und die Regeneration de Nieren unterstützt. Die Nebennieren und die Schilddrüse werden positiv beeinflusst. Die Sauerstoffversorgung des ganzen Körpers wird verbessert.

Sollten Sie Blähungen nach dem Genuß des Aloebechers Neptun bekommen, lassen Sie das Weißkraut einfach weg beim nächsten Mal. Auftretende Blähungen können jedoch auch ein Anzeichen dafür sein, dass giftige Ablagerung den Darm belasten.

Fruchtkelch Sonnengott Vischnu

Zutaten

FÜR DIE EMPFOHLENE
TAGESMENGE

100 ml Aloe Vera

3 kleine Äpfel

200 Gramm frische Ananas

2 Wassernüsse

5 Minzeblätter

Zubereitung

Den ganz reifen Anteil der Ananas, das Aloe Vera Gel und die Wassernüsse in den Mixer geben. Die Äpfel mit ihrer Schale, den Rest der Ananas und die Minzeblätter entsaften. Diesen Saft ebenso in den Mixer geben und alles nochmals verquirlen. Dieser Aloe Vera Fruchtkelch ist eine sättigende und sehr gesunde Malzeit, die schlank macht. Die Ananas beschleunigt die Fettverbrennung und spendet zudem Energie.

Wenn Sie einige Pfunde abnehmen möchten, eignet sich dieser Powercocktail hervorragend, um damit eine komplette Mahlzeit zu ersetzen.

Wenn Sie sich bewußt und ausgewogen ernähren und regelmäßig körperlich bewegen, verlieren Sie zwar langsamer an Gewicht, aber die Wahrscheinlichkeit ist größer, dass Sie die Gewichtsabnahme halten. Ein bis zwei Safttage pro Woche zum Entgiften und Entschlacken, unterstützt durch das Aloe Vera Gel, stimulieren den gesamten Organismus.

Regenerierende Aloe-Säfte

Aloe-Schale
Brahma, Shiva, Vischnu

Zutaten

150 ml Aloe Vera Gel

30 Gramm Ingwer, 300 Gramm Kürbis

Zubereitung

Den Kürbis mit dem frischen Ingwer entsaften. Den
Saft mit dem Aloe Vera Gel mischen.
Dieser Aloe Vera Cocktail ist ein sehr gutes Mittel
bei Durchblutungsstörungen, vor allem der äußeren
Gliedmaßen. Wenn Ihnen nachts die Finger oder die
Füße zu kribbeln anfangen, wenn Sie oft
kalte Füße und Hände haben, können dies sichere
Anzeichen dafür sein, dass
Sie an Durchblutungsstörungen leiden.
Nach dem genußvollen Trinken dieses Saftes spüren
Sie, wie der Saft Sie auf dreifache Weise angenehm
erwärmt: zunächst spüren Sie die Wärme
im Mund, dann im Bauch und schließlich werden
die Hände und Füße angenehm warm.

Magenbalsam
Annapurna

Zutaten

50 ml Aloe Vera Gel

300 Gramm Kartoffel

Zubereitung

Die Kartoffeln schälen und entsaften, ein paar
Minuten stehen lassen, damit sich die Kartoffel-
stärke setzt. Den Saft dann abschütten und den
klaren Kartoffelsaft mit dem Aloe Vera Gel mischen.
Grüne Kartoffeln enthalten wie grüne Tomaten den
Stoff Solanin, ein starkes Gift. Sie sollten darauf
achten, dass eventuelle grüne Teile der Kartoffel
sowie die Kartoffelaugen vollständig entfent sind,
bevor Sie mit dem Entsaften beginnen.
Durch diesen Magenbalsam Annapurna wird
überschüssige Magensäure zuverlässig gebunden.
Aufstoßen, Blähbauch und Sodbrennen haben
Sie damit schnell im Griff.

Aloedrink Kraft der Erde

Zutaten

FÜR DIE EMPFOHLENE
TAGESMENGE (GRUNDREZEPT)

50 ml Aloe Vera Gel
350 Gramm Topinambur

Zubereitung

Die Topinambur gründlich unter fließendem Wasser reinigen und mit der Schale in den Entsafter geben und entsaften. Anschließend mit dem Aloe Vera Gel mischen.

Es ist schade, das diese wertvollen Knollen einer Sonnenblumenart in Vergessenheit geraten sind. Ihr nussartiger Geschmack ist der Kartoffel weit überlegen. Sie wird auch als Diabetikerkartoffel bezeichnet. Seefahrer brachten sie im 17. Jahrhundert von Brasilien nach Frankreich, viele Jahre vor der Kartoffel. Die einzigen nennenswerten Anbauflächen bei uns findet man heute am Rande des Schwarzwaldes und im Brandenburgischen, die Bauern bereiten vorzugsweise einen Schnaps daraus.

Der enthaltene Inhaltsstoff Inulin, ein für Zuckerkranke verträgliches Kohlehydrat, ist in der Lage, im Gehirn ein Sättigungsgefühl auszulösen, obwohl man fast nichts gegessen hat. Diese entschlackenden Wirkung wird durch das Aloe Vera Gel unterstützt. Somit eignet sich dieser reinigende Aloe-Drink auch besonders zur Unterstützung einer Diät. Die wohltuende Wirkung dieses Saftes kommt auch besonders den inneren Organen wie Magen, Leber und Galle zugute.

Vater Jupiter

Zutaten

FÜR DIE EMPFOHLENE
TAGESMENGE

100 ml Aloe Vera Gel
1 Zitrone
(unbehandelt aus Bioanbau)
2 Knoblauchzehen
100 ml Kristallwasser

Zubereitung

Die ganze unbehandelte Zitrone in papierfeine Scheiben schneiden und im Kristallwasser über Nacht einweichen lassen. Am nächsten Tag mit dem Knoblauch zusammen entsaften und mit dem Aloe Vera Gel vermischt trinken.

Über Nacht hat sich das Pektin der Zitrone gelöst und Sie erhalten ein flüssiges hochaktives Mikrofasergetränk, welches die Darmwände reinigt. Die gelösten für den Körper aufnahmefähigen Stoffe aus dem Aloe Vera Gel, dem Knoblauch und der Zitrone reinigen die Blutgefäße.

Reinigende Aloe-Drinks

Krone der Aphrodite

Zutaten

FÜR DIE EMPFOHLENE TAGESMENGE

50 ml Aloe Vera Gel

1 Granatapfel

150 Gramm Wassermelone

5-6 Minzeblätter

Zubereitung

Die Melone schälen , vom Granatapfel nur dieKerne verwenden. Alle Zutaten im Mixer fein pürieren , dann zu zweit genießen. Dieser wohlschmeckende Aloe Vera Cocktail hat eine vorzügliche reinigende Wirkung auf die Nieren. Er spült überschüssige Säuren und Salze aus dem Körper. In der Antike wurde die Minze als »Krone der Aphrodite« bezeichnet. Es gibt auch heute noch eine Minze Art unter der Bezeichnung »Dionysos – Minze«. Dionysos ist der griechische Gott der Ekstase.

Hustensaft Windgott Baju

Zutaten

FÜR DIE EMPFOHLENE TAGESMENGE

200 Gramm schwarzer Rettich

2 Esslöffel Honig

70 Gramm Aloe Vera Gel

Zubereitung

Den schwarzen Rettich entsaften mit dem Honig und dem Aloe Vera Gel mischen. Schluckweise über den Tag verteilt trinken. Selbst der hartnäckigste Husten wird bald verschwinden. Die Galle wird flüssiger, damit wird möglicher Steinbildung vorgebeugt. Der Saft ist cholesterinsenkend und wirkt harntreibend.

Erzengel Raphael

Zutaten

FÜR DIE EMPFOHLENE
TAGESMENGE

50 ml Aloe Vera Gel

250 Gramm frischer Spargel

Zubereitung

Den rohen ungeschälten Spargel entsaften und mit dem Aloe Vera Gel mischen. Wilder und grüner Spargel schmecken nicht nur kräftiger, sie haben auch deutlich mehr Wirkstoffe als weißer Spargel.

Spargel und Aloe Vera werden von der Menschheit seit über 5.000 Jahren als Nahrungs- und Heilmittel genutzt. Die weisen Heiler des Altertums wußten schon damals um die heilenden Kräfte dieser Naturprodukte.

Hippokrates sagte: „Eure Nahrung soll Eure Arznei sein".

Es gibt kein besseres Nahrungsmittel, um Harnsäureablagerungen im Körper aufzubrechen, als dieser Aloe Vera Cocktail mit rohem Spargel. Die im Körper aufgelösten Ablagerungen werden schnell aus dem Körper ausgeschieden. Der Aloe-Drink Erzengel Raphael ist stark blutreinigend und unterstützt die Funktion von Leber und Lunge.

Nierenkranke sollten auf diesen Cocktail verzichten, weil die Ausscheidung der Säuren Nierenprobleme bereiten kann.

Rasputins Feuertopf

Zutaten

FÜR DIE EMPFOHLENE
TAGESMENGE
100 ml Aloe Vera Gel
2 bis 3 Grapefruits
1 Zitrone
20 Gramm frischer Ingwer

Zubereitung

Eine Saftmaschine hat gegenüber einer Zitruspresse den Vorteil, dass die wertvollen Inhaltsstoffe von Grapefruits, Apfelsinen, Zitronen und anderen Früchten besser ausgenutzt werden. In den weißen Häuten von Zitrusfrüchten sind Stoffe, die nachweislich vor Krebs schützen.

Alle Zutaten zusammen in die Saftmaschine geben und entsaften. Wenn keine Saftmaschine vorhanden ist, die Früchte auspressen. Anschließend den geriebenen Ingwer und das Aloe Vera Gel hinzugeben.

Damit in unserem Körper neue gesunde Zellen heranwachsen können, müssen wir zuerst aufräumen, den Müll auskehren, Schlacken lösen, die Adern durchputzen, wozu Rasputins Feuertopf sich hervorragend eignet. Sollte Ihnen die Wirkung zu stark sein, können Sie den Feuertopf mit etwas Bergkristallwasser verdünnen.

Das Bioflavonoid Naringin, das den Grapefruits ihren typischen Geschmack gibt, kann mit verschiedenen Medikamenten eine Wechselwirkung eingehen. Fragen Sie daher vorher Ihren Arzt, wenn Sie Medikamente nehmen müssen, ob Sie Rasputins Feuertopf ohne Bedenken trinken können.

Die Grapefruit ist eine Zufallskreuzung aus Apfelsine und Pampelmuse, die vor über 200 Jahren das erste Mal auftauchte. Pomelo ist eine neuere israelische Kreuzung aus Pampelmuse und Grapefruit.

Morgenröte

Zutaten

FÜR DIE EMPFOHLENE
TAGESMENGE
100 ml Aloe Vera Gel
5 bis 6 Apfelsinen

Zubereitung

Die Apfelsinen in der Zitronenpresse ausdrücken, dann mit dem Aloe Vera Gel mischen.

Wenn Sie eine Saftmaschine haben, können Sie die Albedo (weiße Innenhaut der Frucht) der Apfelsine mit auspressen und dadurch die wertvollen Inhaltsstoffe dieser weißen Fruchthäute im Saft mit genießen.

Dieser wohlschmeckende Aloe Vera Cocktail reinigt Ihre Kapillargefässe und gibt allen Blut- und Lymphgefäßen die Elastizität zurück. Dadurch kann sich der Blutdruck normalisieren.

Antriebsschwäche wird in frische Energie und Aktivität verwandelt.

Trinken Sie deshalb diesen Cocktail täglich, möglichst am vormittags, am besten morgens nach dem Aufstehen auf nüchternem Magen.

Phönix Cocktail Frühling

Zutaten

50 ml Aloe Vera Gel
350 Gramm Löwenzahnblüten
und Blätter
einige Blütenstiele

Zubereitung

Die Löwenzahnblüten, die Blätter und einige Blütenstiele zusammen in die Saftmaschine geben und entsaften. Den Saft mit dem Aloe Vera Gel mischen. Dieser Phönix Cocktail beseitigt jede Frühjahrsmüdigkeit, regt stark die Fettverbrennung im Körper an und sorgt dafür, dass der Winterspeck in wenigen Tagen verschwindet. Sie spüren, wie Sie täglich neue Lebenskräfte schöpfen und Ihr Energiepegel steigt. Die kurze Zeit im Frühling, in welcher der Löwenzahn blüht, sollten Sie nutzen, um sich täglich dieses Lebenselixier zu bereiten.

Die folgenden Rezeptvarianten sind eine Anregung für Cocktails während der blütenlosen Löwenzahnzeit.

Phönix Cocktail Sommer

Zutaten

FÜR DIE EMPFOHLENE
TAGESMENGE (GRUNDREZEPT)

50 ml Aloe Vera Gel
200 Gramm Löwenzahnblätter
200 Gramm Karotten,
möglichst mit Blättern

Zubereitung

Nehmen Sie möglichst junge Löwenzahnblätter, die älteren Blätter haben wenig Saft und sind sehr bitter. Die Löwenzahnblätter zusammen mit den Karotten und den Karottenblättern in die Saftmaschine geben und entsaften. Die Karottenblätter sind wichtig, denn in ihnen stecken mehr Wirkstoffe als in den Karotten selbst.

Diese Sommervariante des Phönix-Cocktails ist ein mineralbetontes Aloe Vera Elixier und hilft, die Knochen und die Gelenke aufzubauen und zu unterstützen. Aber auch für unsere Entgiftungsorgane Leber, Galle, Magen, Darm und den Nieren ist dieser Cocktail ein Balsam der Regeneration.

Phönix Cocktail Winter

Zutaten

FÜR DIE EMPFOHLENE
TAGESMENGE

50 ml Aloe Vera Gel
150 Gramm Löwenzahnwurzeln
200 Gramm Hokkaido Kürbis

Zubereitung

Die Löwenzahn-Wurzeln und den Kürbis entsaften,
dann mit dem Aloe Vera Gel mischen.

Dieses Aloe Vera Elixier hat eine gute Wirkung auf
die Leber und hilft bei einer Leberregeneration.
Eine positive Wirkung hat dieser Cocktail auch bei
der Behandlung der Zuckerkrankheit. Dabei scheint
die Herbstwurzel des Löwenzahns vor allem die
Leber positiv zu beeinflussen, während die im Früh-
jahr ausgegrabene Löwenzahnwurzel sich eher
positiv auf die Blutzuckerwerte auswirkt.

Reinigende Aloe-Drinks

Parzifals Aloeschale

Zutaten

FÜR DIE EMPFOHLENE
TAGESMENGE
50 ml Aloe Vera Gel
2-3 Feigen
etwas Kristallwasser

Zubereitung

Alle Zutaten in den Mixer geben und verquirlen.
Solange Kristallwasser hinzufügen, bis ein trink-
fähiger Brei entstanden ist.

Dieses milde Hausmittel eignet sich hervorragend
zur Darmsanierung. Es hat leicht abführende Wirkung und stärkt den Magen und die Darmwände.
Dieser reinigende Aloe-Drink eignet sich besonders,
um nach einer durchzechten Nacht schnell wieder
fitt zu werden. Aber auch nach Schlemmereien und
Völlereien können Sie mit diesem Aloe-Drink eine
Art Räumkommando durch den Körper schicken.

Zeus Becher

Zutaten

FÜR DIE EMPFOHLENE
TAGESMENGE
100 ml Aloe Vera Gel
2 bis 3 Stangen Sellerie
1 bis 2 Äpfel

Zubereitung

Den Stangensellerie und die Äpfel mit der Schale in den Entsafter geben und entsaften, danach mit dem Aloe Vera Gel mischen.

Hartes Trink- und Speisewasser enthält meistens viele Mineralstoffe, vor allem aber Kalk, das unser Körper nicht verwerten kann. Dadurch bilden sich anorganische Calciumablagerungen im Körper. Hinzu kommt, dass durch Erhitzen des Trinkwassers hochwertige organische Verbindungen wieder anorganisch werden können. Dadurch wird das Trinkwasser für uns minderwertig und stellt sogar eine Belastung dar. Mit dem reinigenden Zeus Becher unterstützen Sie den Körper bei der Auflösung und Ausscheidung anorganischer Calciumablagerungen. Sie beugen damit den klassischen Zivilisationskrankheiten wie Herzinfarkt, Schlaganfall und Arteriosklerose vor.

Aloe vitale

Zutaten

FÜR DIE EMPFOHLENE
TAGESMENGE
50 ml Aloe Vera Gel
80 Gramm Weizengras
eine Prise
Cayennepfeffer

Zubereitung

Das Weizengras in den Entsafter geben und mit Aloe Vera Gel mischen. Entsaften, mit Cayennepfeffer würzen und sofort trinken. Wenn Sie kein frisches junges Weizengras zur Verfügung haben, dann verwenden Sie 3 Gramm Weizengraspulver für 100 ml Aloe Vera Gel.

Nach dem verrühren, alles kurz ziehen lassen, mit Cayennepfeffer würzen und sofort trinken.

Dieses Elixier ist belebend und stärkt alle Funktionen unseres Körpers. Es entgiftet und reinigt das Blut. Trinken Sie es täglich. Es enthält 6 mal soviel Kalzium wie Kuhmilch, 5 mal soviel Eisen wie Spinat, 3 mal soviel Magnesium wie Bananen, 30 mal soviel Vitamin C wie Orangen , 25 mal soviel Vitamin E wie Milch, 15 mal soviel Vitamin B wie Milch, reichlich Chlorophyll und Karotin. Damit Sie sich an den Geschmack gewöhnen, können Sie auch mit der halben Menge beginnen und langsam steigern

Ganzjähriger Weizengrasanbau am Küchenfenster: Bio-Weizen lichtgeschützt über Nacht einweichen. Am nächsten Morgen das Wasser wegschütten und die Weizenkörner abtropfen lassen. Für einen Tag abgedeckt und dunkel bei Zimmertemperatur fermentieren lassen. In der Zwischenzeit gute nicht überdüngte Bio-Erde in Anzuchtschalen mit ca. 6 cm Rand füllen. Am nächsten Morgen die Weizenkörner dicht auf die Erde streuen, leicht andrücken, jedoch nicht eindrücken. Mit Folie abdecken und abdunkeln. Die Anzucht nicht gießen, sondern alle zwei Tage mit Regenwasser besprühen. Wenn die Saat aufgeht, das Weizenfeld aufdecken, ins Licht stellen, aber direkte Sonneneinstrahlung vermeiden. Nach ca. 2 Wochen, wenn die Gräser 16 oder 17 cm lang sind, können Sie mit der Ernte beginnen.

Aloe-Schale Krischna

Zutaten

FÜR DIE EMPFOHLENE
TAGESMENGE
150 ml Aloe Vera Gel
300 Gramm grüne unreife Papaya
1 reife Papaya

Zubereitung

Die unreife Papaya mitsamt der Schale und den Kernen in der Saftmaschine auspressen. Den Saft mit dem Aloe Vera Gel mischen. Die Kerne der reifen Papaya untermischen. Den Rest der reifen Papaya können Sie als wohlschmeckendes Dessert zu sich nehmen.

Nur die unreifen Papayas haben die Enzyme in sich, auf die es ankommt. Bei der reifen Papaya sind die Wirkstoffe in den Kernen konzentriert, das Fruchtfleisch schmeckt jetzt sehr gut, hat aber fast keine Wirkstoffe mehr.

Dieser Vitaldrink ist in der Lage, Verdauungsstörungen jeder Art zu beheben. Er hilft, Geschwüre schneller zu heilen und Wunden rascher zu schließen. Der Fettabbau im Körper wird beschleunigt und Kreislauf und Durchblutung des Körpers werden angeregt. Rheumatische Beschwerden werden gelindert und die Nerven gestärkt.

Wenn Sie in den Tropen waren und sich von dort Darmparasiten mitgebracht haben, kann dieser Vitaldrink eine Hilfe sein, sie rasch wieder loszuwerden.

Nixenschale

Zutaten

FÜR DIE EMPFOHLENE
TAGESMENGE
150 ml Aloe Vera Gel
2 Äpfel
100 Gramm Preiselbeeren oder
Cranberry

Verarbeitung

Alle Zutaten im Mixer verarbeiten und mit dem Aloe Vera Gel mischen.

Traditionelle Apfelsorten sind vorzuziehen, da sie mehr Wirkstoffe haben.

Die Nixenschale entwickelt im Körper gute reinigende Eigenschaften, sie senkt den Cholesterinspiegel und bekämpft Vieren und Bakterien. Vor allem sorgt dieser Cocktail auch dafür, dass sich keine Bakterien in den Nieren und der Blase festsetzen können. Deshalb sollten Frauen, die oft Blasenentzündung haben, diesen Cocktail regelmäßig trinken.

Kinder-Energie-Shakes

Zauberlehrling

Zutaten

<small>FÜR DIE EMPFOHLENE
TAGESMENGE</small>

150 ml Aloe Vera Gel

200 Gramm Erdbeeren

250 ml Soja Milch

ein Teelöffel Honig

Zubereitung

Alle Zutaten in den
Mixer geben und verquirlen.
Anschließend mit Honig süßen,
nochmals durchrühren
und servieren.

Zaubertrank

Zutaten

<small>FÜR DIE EMPFOHLENE
TAGESMENGE</small>

50 ml Aloe Vera Gel

1 Banane, 2 Birnen

1 Esslöffel Bienenpollen

200 ml Kristallwasser

Zubereitung

Die Banane schälen, die Birnen
entkernen und zusammen
mit den anderen Zutaten im
Mixer zu einem feinen Getränk
verarbeiten und servieren.

Mogli

Zutaten

<small>FÜR DIE EMPFOHLENE
TAGESMENGE</small>

50 ml Aloe Vera Gel

500 Gramm Karotten

1 Apfelsine

1 Banane

Zubereitung

Die Karotten und die Apfelsine
in der Saftmaschine entsaften,
dann mit der geschälten Banane
und dem Aloe Vera Gel im Mixer
zusammen verquirlen und
servieren.

Balu-Bär

Zutaten

FÜR DIE EMPFOHLENE
TAGESMENGE

50 ml Aloe Vera Gel

2 Bananen

200 ml Sojamilch

2 Esslöffel Honig

Zubereitung

Alle Zutaten im Mixer cremig verarbeiten und servieren.

Baghira

Zutaten

FÜR DIE EMPFOHLENE
TAGESMENGE)

50 ml Aloe Vera Gel

200 Gramm Ananas

1 Kiwi, 1 Banane

200 ml Sojamilch

Zubereitung

Alle Zutaten im Mixer verquirlen und mit kleinen Fruchtstückchen servieren.

Pumuckel

Zutaten

FÜR DIE EMPFOHLENE
TAGESMENGE)

30 ml Aloe Vera Gel

150 Gramm Karotte

1 Apfel

1 Teelöffel Blütenpollen

1 Teelöffel Honig

Zubereitung

Die Karotte und den Apfel mit Schale und Kerngehäuse in die Saftmaschine geben und entsaften. Anschließend das Aloe Vera Gel, die Blütenpollen und den Honig einrühren und servieren.

bei gesundheitlichen Problemen